Flurbereinigung?
Wir putzen jeden Freitag.

Reinhard Clement

Flurbereinigung?
Wir putzen jeden Freitag.

Gedichte mit Wortspielen und Wortwitz

Bibliografische Information der Deutschen National-bibliothek:
Die Deutsche Nationalbibliothek verzeichnet diese Publikation in der Deutschen Nationalbibliografie; detaillierte bibliografische Daten sind im Internet über http://dnb.dnb.de abrufbar.

Herstellung und Verlag:
BoD - Books on Demand, Norderstedt

ISBN: 978-3-7504-1601-7

Inhaltsverzeichnis

Vorwortspiel

Meine sehr verehrten Leserinnen und Leser.

Ich bin zutiefst bee**indruck**t, Ihrem Gesichtsaus**druck** entnehmen zu dürfen, dass Sie sich unter dem Hoch**druck** steigender Spannung einen Ein**druck** davon machen wollen, was ich nun mit Nach**druck** aus**drück**en möchte; nämlich Sie zu bitten, nicht den Ein**druck** von mir zu bekommen, ich wäre ein **Drück**eberger, sondern mir zu glauben, dass ich mit meinen Worten der Freude Aus**druck** verleihen möchte, Ihnen mitzuteilen, wie ein**druck**svoll es für mich ist, hier und heute mit meinen Aus**drück**en tiefe Ab**drück**e hinterlassen zu dürfen, indem ich Sie aus**drück**lich auffordere, im Sinne eines positiv ein**druck**svollen Erlebnisses allen Termin**druck** von sich abzuschütteln und mir zu gestatten, Ihnen hier als Aus**druck** meiner äußerst herzlichen Begrüßung einen symbolischen Hände**druck** geben zu dürfen.

Auf Hochdeutsch: Willkommen in meinem Buch!

In diesem Buch finden Sie Wortspiele und Wortwitz in Reimen, mit denen ich schon auf vielen Bühnen (Comedy, Poetry Slam oder Lesung) die Lach- und Schmunzelmuskeln meiner Zuhörer in Bewegung bringen konnte.

Dafür wurde mein Gedichtband aus dem Jahr 2015 "Wortspiele und Wortwitz in Reimen" gründlich überarbeitet. Zunächst lautete der neue Titel „Reimhards Gedichte". Diesen habe ich nun ersetzt durch „Flurbereinigung? Wir putzen jeden Freitag."

Sind Sie bereit?

Dann wünsche ich Ihnen viel Vergnügen.

Der alte Anstreicher

Ein alter Mann von achtzig Jahren,
der viel im Leben schon erfahren,
will seine Wohnung renovieren,
die Decke streichen, tapezieren.

Er geht mit Farbtopf auf die Leiter
und klettert höher, immer weiter.
Ganz plötzlich dann, mit lautem Krach,
fällt er hinunter: Weh und Ach.

Die Farbe läuft, die schöne weiße,
ihm ins Gesicht, so eine Sch...ande.
Und die Moral von der Geschicht:
Alter schützt vor Weißheit nicht.

Ein Junggeselle

Ein Junggeselle lebt allein.
Der Single fragt sich: Muss das sein?
Nur eines weiß er ganz genau:
Ihm fehlt zu seinem Glück die Frau.

Fielmann-Werbung

Eigentlich muss ich mich schämen.
Er ist viel zu dick, mein Bauch.
Ärzte raten, abzunehmen.
Doch das ist wie Schall und Rauch.

Positiv mich zu verkaufen
scheint die rettende Idee.
Werbespots für Fielmann laufen,
die sind gut fürs Renommee.

Eines kann ich dir empfehlen:
Brille – Fielmann, - rat' ich dir.
Doch ich will auch nicht verhehlen:
Richtig (F)viel Mann steckt in mir.

Urlaubsgetränk: Sundowner

Die Leute am Weststrand, die dürfen
am Abend 'nen Sundowner schlürfen,
wenn Strahlen der Sonne versinken.
Warum nicht 'nen Moon-upper trinken?

Verlegt

Jetzt ist es weg. Wo kann es sein?
Schon wieder mal – das darf nicht sein.
Wahrscheinlich hab ich es verlegt.
Ich bin verärgert, tief bewegt.

Noch gestern hab ich drin gelesen.
Es ist, als wär's nie da gewesen.
Ich werde nun, statt Krankenpfleger
ein kommerzieller Buchverleger.

Penthouse

Ich wollte meinen Freund besuchen
mit Kaffee und mit Pflaumenkuchen.
Doch seine Frau stand vor der Tür.
Und fragte mich: „Was woll'n Sie hier?"

„Guten Tag, ich will zu Klaus."
„Heute nicht, der pennt im Haus."
Ist schon gut, er wird verschont. -
Weil er in einem Pennt-Haus wohnt.

Flüssiges

Ein Mann hockt schweigend, Jahr für Jahr,
fast jeden Abend an der Bar.
Trinkt Whisky, Calvados und Rum
und endet im Delirium.

Was dann der Wirt in Rechnung stellt,
ist jedes Mal verdammt viel Geld.
Welchen Beruf hat dieser Mann,
dass der sich so was leisten kann?

Ich frag mich durch, und ich erfahr,
dass der 'mal Bankdirektor war.
Er prüft im Auftrag jede Nacht,
wie man die Gelder flüssig macht.

Hausflur putzen

Jede Woche geh' ich putzen,
bringe laut Bescheinigung
Hausbewohnern großen Nutzen
mit der Flurbereinigung.

Musikantenvorstellung

Gestatten Sie, ich bin Trom**reiner**.
Ich schlag die Trommel so wie keiner.
Links neben mir Trom**benedict**,
er spielt Gitarre wie verrückt.

Zur rechten sitzt Trom**edeltaut**,
die **für** uns in die Tasten haut.
Dann kommt Trom**harald**, unser Flöter.
Zum guten Schluss noch der Trom**peter**.

Weinstube

Durchs Fenster schimmerten noch Lichter,
drum ging ich in das Haus hinein.
Ich sah nur traurige Gesichter
beim Flackerlicht im Kerzenschein.

Die Gäste, die sich dort befanden,
sie holten Taschentücher raus,
hab'n „Weinstube" wohl falsch verstanden
und weinten sich die Augen aus.

Der Schneemann

Den Schneemann sieht man nur im Winter.
Doch was zum Teufel steckt dahinter?
Warum ein Mann, und keine Frau?
Das weiß wohl niemand so genau.

Beim Mann, da wär die Nase schiefer.
Die Möhre säße deutlich tiefer.
Und wie vermehrt sich so ein Mann?
Dass der bei dieser Kälte kann.

Der Schneemann ist nicht auszumerzen.
Geboren wird er unter Schmerzen
im Januar, das ist bekannt.
Der Schmerz wird „Schneewehe" genannt.

Rasen

Männer lieben dann und wann
Rasen auf der Autobahn.
Ich mag das nicht, mich lässt das kalt.
Ich fahre lieber auf Asphalt.

Die beste Bank

Wie find' ich die beste Bank?
Diese Auswahl macht mich krank.
Bankberater, die verführen
gern zu hohen Bankgebühren.

Fragen an die Bankaufsicht:
Volksbank, oder besser nicht?
Ist ein Bankraub zu verkraften?
Und wie steht's mit Bankbürgschaften?

Bankgeheimnis hin und her,
lange fiel die Suche schwer.
Erfolgreich war ich bei der Findung
der allerbesten Bankverbindung.

Diese Bank ist wirklich schön.
Auf die Nordsee kann man sehn.
Ich setz' mich hin, genieß' die Brise
und pfeife auf die Bankenkrise.

Die Beamtenmütze

Wo man hinschaut, überall,
feiern Menschen Karneval.
Im Gesicht 'ne Nas' aus Pappe,
auf dem Kopf die Narrenkappe.

Schunkeln, singen, überall.
Alle feiern Karneval.
Nur der Beamte geht nicht hin.
Für ihn ist keine Kappe drin.

Drum erfand ich, mit viel Grütze,
die Spezialbeamtenmütze.
Wo liegt der Unterschied? Worin?
In dieser ist kein Schweißband drin.

Helles Köpfchen

Ein Stein wird hohl durch stetes Tröpfchen.
Was lange währt, wird endlich gut.
Jetzt habe ich ein helles Köpfchen,
mit siebzig, - doch nur ohne Hut.

Antibaby-Öl

Es sprach die Mutter: Meine Kleine,
die Männer wollen nur das eine.
Und ist dein Freund auch noch so nett,
pass' auf, das endet meist im Bett.

Wir haben damals aufgepasst,
denn Mann will Lust und keine Last.
Wir nahmen Mittel zum Verhüten.
Zunächst Melitta Filtertüten.

Dann haben Äpfel wir gegessen.
Nicht vor, nicht nach, sondern „stattdessen".
Und später gab's, mit einem Male:
Kondome - und die Glücksspirale.

Doch dann, so war's des Menschen Wille,
kam endlich für die Frau die Pille.
Seitdem nichts neues, wie es schien.
Für Männer - keine Medizin.

Antibaby-Öl, Fortsetzung

Oh Mutter, sprach das Töchterlein,
das stimmt so nicht, da sag' ich: Nein.
Die Forschung und die Wissenschaft,
die haben's endlich 'mal geschafft.

Es gibt jetzt eine Flüssigkeit
gegen des Mannes Fruchtbarkeit.
Das Antibaby-Öl für Männer.
Ein Geheimtipp. - Nur für Kenner.

Und dieses Öl, das kennst du wohl:
Es wirkt sehr gut, und heißt Castrol.

Diät

Warum nicht 'ne Diät probieren?
Ich lass mich gern dazu verführen,
Politikern stets nach zu streben.
Die können von Diäten leben.

Das Care-Paket

Die Überraschung ist perfekt.
Wer hat denn das nur ausgeheckt?
Die Wohnung ist noch nicht gemacht,
und ich krieg' ein Paket gebracht.

So schmal und lang, - nicht grade klein.
Was wird denn wohl da drinnen sein? -
Wo ist das Messer? Ich mach's auf.
Schon nimmt das Schicksal seinen Lauf.

Zum Vorschein kommt ein Besenstiel
mit Rosshaar-Riegel, sehr stabil.
Dann noch ein Kehrwisch, ach wie nett.
Die Schaufel macht den Satz komplett.

Ob das ein kleiner Scherzbold war?
Mit einem Male wird mir klar:
Es handelt sich hier ganz konkret
ums so genannte Kehr-Paket.

Gewerkschaft

Ob die Gewerkschaft heut ihr Werk schafft?
Oder 'ne Lücke in dem Berg klafft?
Heute noch fällt die Entscheidung.
Streikfront oder Streikvermeidung?

Die Arbeit ruft, und sie sind fleißig.
„Wie spät ist es? Schon elf Uhr dreißig?"
„Nein, ich hab erst elf Uhr zehn."
Uhr-Abstimmung, - so kann's gehn.

Der oder das Betriebsrat?

Ein Chef, der braucht sich nicht zu plagen,
fährt im bequemen Firmenwagen.
Wird als Betriebsrat man gewählt,
dann gibt es anderes, was zählt.

Nach vielen harten Arbeitsjahren
darf man mit dem Betriebsrad fahren.

Arbeitnehmer und Arbeitgeber

Man sagt, ich sei ein Arbeitnehmer,
was ich nicht verstehen kann.
Mein Chef, der hat's doch viel bequemer,
er ist nur der Zahlemann.

Also bin ich der Arbeit**ge**ber,
mein Chef der Arbeit**neh**mer dann.
Ich der Mal**o**cher und der Streber,
und **er** nimmt meine Leistung an.

Die Arbeit gebe **ich** alleine.
Mein Chef ist's, der die Arbeit nimmt.
Am Ende krieg ich seine Scheine
und zähle nach, ob alles stimmt.

Merke, - von Düsseldorf bis Bremen:
Geben ist seliger denn nehmen.

Das Waagnis

Mein Gewicht hab' ich versch-wiegen.
Doch die Zweifel überwiegen.
Zögernd tut mein Haupt sich wiegen.
Soll ich mich noch heute wiegen?

Du bist das Zünglein an der Waage.
Darum verspreche ich dir vage,
dass ich es dir zuliebe wage:
Ich geh noch heute auf die Waage.

Obwohl die Zweifel überwogen,
ich fühlte mich dazu bewogen
und hab mich heute noch gewogen.
Ich hoff', ich bleib dir noch gewogen.

Stadttaube

Ein Vogel läuft mir stets voran.
Ich werd verrückt, und glaube,
dass der mich gar nicht hören kann,
es ist doch eine Taube.

Fastenopfer

Jedes Jahr dasselbe Leid:
Heut beginnt die Fastenzeit.
Man beginnt, sich zu verpflichten,
auf gewohntes zu verzichten.
Auf das Rauchen, Sex und Neid,
und so manche Köstlichkeit.

Worauf lasse ich mich ein?
Was soll es denn diesmal sein?
Meine Vorsätze, die alten
hab ich niemals eingehalten.
Diesmal, schwör' ich Stein und Bein,
ist mein Vorsatz nicht nur Schein.

Nur was ich auch halten kann
Fang' ich diesmal wirklich an.
Werde unter Höllenqualen
keine Rechnung mehr bezahlen.
Super! Diesmal bleib' ich dran.
Wünsche schöne Ostern dann.

Gegoogelt

Ich habe „gegoogelt" ist wirklich verrückt.
Die Bosse von Google sind völlig verzückt.
Sie freu'n sich, und hören die Wortspiele gern,
sind kostenlos Werbung für diesen Konzern.

Fährst du mit dem Auto, wie heißt das bei Dir?
Ich habe ge-opelt von Köln bis nach Trier?
Zum Frühstück ge-tschibot, danach wird persilt,
zugunsten der Firmen mit Worten gespielt?

Dein Hausputz ist lästig, doch redest du keck:
Ich habe ge-vorwerkt, der Staub ist nun weg.
Am Abend viagrat ab Viertel nach acht.
Danach wird gekrombacht und dann gute Nacht.

Warum sollen Firmen beteiligt sein?
Mein Sprachschatz in Deutsch gehört mir allein!

Eszett

Für jeden Deutschen ist es gut,
wenn er richtig schreiben tut.
Und schreiben soll man hier nach Norm,
drum gab's die Rechtschreibreform.

Schnell wurd klar, dass nichts so bleibt.
Dass das „dass" mit „s" man schreibt,
oder aber mit Eszett,
lief so manchem übers Bett.

Unser Eszett ist nicht beliebt.
Doch gut ist, dass es das noch gibt.
Denn stellt euch vor, das gäb es nicht.
Das stünde uns schlecht zu Gesicht.

Nicht „Alkohol in Maßen trinken",
wir müssten ihn in Massen trinken.

Werbesprüche

Für was gibt man es aus, sein Geld?
Den Duft der großen weiten Welt?
Nichts ist unmöglich, mach' dir Mut.
Es ist quadratisch, praktisch, gut.

Die zarteste Versuchung kaufen
und Katzen würden Whisky saufen.
Des Melkers Hand macht Rinder froh,
und eine Ziege ebenso.

Pack' mich mal am Bär an,
keiner macht mich mehr an.
Geiz ist geil, ich bin nicht blöder.
Merkel trinkt nur Hasseschröder.

Das Auto, – Technik, die begeistert.
Und „geht nicht, gibt's nicht", wird gemeistert.
Abgas-Test und die Software kichert.
Hoffentlich Allianz versichert.

Werbesprüche, Fortsetzung

Mach dein Ding mit Manneskraft.
Leistung nur aus Leidenschaft.
Klappt es nicht, dann sei galant.
Nimm dir Pril, denn das entspannt.

Einmal hin, alles drin, mein Sohn.
Wohnst du noch, oder liegst du schon?
Jetzt schon an die Zukunft denken,
klüger sein, und Särge schenken.

Hast du einen Sarg im Haus,
bist du deiner Zeit voraus.
Liegst du später unterm Hügel
Kriegst du von Red Bull die Flügel.

Zu viel davon ist uns nicht recht,
auf diese Steine baut man schlecht.
Sprüche, - die hab' ich langsam satt.
Werbung, - da weiß man, was man hat.

Aber Fisch...

(Dieses Gedicht passt zur Schlagermelodie:
„Aber Dich gibt's nur einmal für mich")

Es gibt - Millionen Gerichte.
Die Küche, - sie kennt tausend Gedichte.
Jederzeit, bin zu allem bereit.
Aber Fisch - kommt mir nicht auf den Tisch.

Es gibt - hundert Kuchen und Torten.
Kartoffeln – Wurst und Fleisch allerorten.
Jederzeit, bin zu allem bereit.
Aber Fisch - kommt mir nicht auf den Tisch.

Schon der Gedanke,
dass ich den Fisch mal probieren könnt,
dass ich 'nen Rollmopps ess,
den man auch Hering nennt.
Der macht mich traurig,
weil es nicht meine Erfüllung ist.
Was wär die Welt für mich nur mit Fisch.

Es gibt - braune Hähnchen an Spießen.
Gemüse – und Salate, sie sprießen.
Jederzeit, bin zu allem bereit.
Aber Fisch - kommt mir nicht auf den Tisch.

Monitor

Der ideale Monitor,
so rechnet der Verkäufer vor,
der zeigt die Bilder superscharf.
Die Größe gibt es nach Bedarf.

Beleuchtung nur mit L E D,
und Kabelanschluss zum P C.
Mit Rechteckbild sechzehn zu neun.
Sie werden echt begeistert sein.

Mit Rechteckbild? - Das ist nur gut,
wenn jemand Filme gucken tut.
Für Emails ist das eher schlecht,
die sind nicht immer waagerecht.

Ein runder Bildschirm wär's gewesen.
Wie soll ich sonst die Rundmails lesen?

Wer ist lustiger?

Wer hat Humor, wer hat ihn nicht?
Wer trägt ein Lächeln im Gesicht?
Es sind die kinderlosen Pärchen.
Die lachen mehr, - das ist kein Märchen.

Was ist der Grund? Warum? Wieso?
Die Wissenschaft erklärt das so:
Man weiß, dass kinderlose Ehen
zumeist aus Spaßvögeln bestehen.

Küchenhelfer

Um meine Küche aufzuräumen,
will ich nicht unnütz Zeit versäumen.
Viel lieber lass' ich mich bedienen
von Reinigungs- und Spülmaschinen.

Doch **wer** hilft, beim Besteck sortieren
die Übersicht nicht zu verlieren?
Noch heut' will ich ins Kaufhaus laufen
und mir 'nen Gabelstapler kaufen.

An der Autobahn Richtung Oldenburg gibt es
die Abfahrt mit dem Namen „Großenkneten".
Und jedes Mal, wenn ich da vorbei gefahren bin
habe ich mich gefragt: Wie ist diese Stadt eigentlich zu ihrem Namen gekommen? Hier ist die
Lösung:

Großenkneten

Wo immer starke Winde wehten,
dort im Oldenburger Land,
lag das Städtchen Großenkneten.
Warum wurd es so genannt?

Die Frauen im Städtchen waren fein,
doch Ihre Brüste warn viel zu klein.
Die Männer der flachen Frauen flehten:
Wir wollen auch mal die großen kneten.

Darmstadt

In Hessen, da isst man sich warm satt.
Danach findet alles im Darm statt.

Witten

Die Bäckerinnen aus Witten,
die haben die dicksten Brötchen.

Popcorn

Ein jeder kennt Popcorn,
die Jungen und Alten.
Doch was für ein Name,
ist „Pop" drin enthalten.

Man kleidet die Worte
in Samt und in Seide.
Und sagt heut' statt „Popcorn"
nur „Beischlafgetreide".

Münzen

Der Euro ist – ganz ohne Frage -
das Zahlungsmittel unsrer Tage.
Mit Lire, Mark, und auch mit Gulden
beglich man früher seine Schulden.

Davor gab's Heller, Kreuzer, Batzen
um für sein Bier beim Wirt zu latzen.
Zur Römerzeit im Licht der Kerzen
da zahlten alle mit Sesterzen.

Doch Münzen – hat man jetzt erfahren -
gab's schon vor hunderttausend Jahren.
In dieser Ära nahm der Zahler
zum Zahlen den Neandertaler.

Stadttheater

Der Kämmerer als Stadtberater
entfacht in unsrer Stadt Theater.
Er gibt kein Geld fürs Stadttheater.
Wir soll'n ins Kino, statt Theater.

Der gläserne Mensch

Allen Bürgern ist zu raten,
nicht zu viel von seinen Daten
andren Menschen zu verraten
und erst recht nicht großen Staaten.

Diese sind leicht zu verführen,
Daten auszuspionieren,
sie zu digitalisieren,
jedes Wort zu kontrollieren.

Drum, im eignen Interesse
gib nicht alles an die Presse.
Keine Postings, SMSe ?
Halte lieber mal die Fresse.

Vertrockneter Weihnachtsbaum

Nun schwächelt unser Lichterbaum
und trägt die hellen Lichter kaum.
Er war so schön, - des Dichters Traum.
Jetzt ist er nur ein lichter Baum.

Hundegebell

Immer wenn die Nachbarn streiten,
geht es nur um Kleinigkeiten.
Der Hahn zu früh, der Hund zu laut,
dem Nachbarn ist der Tag versaut.

Dann wird das Ordnungsamt gerufen,
den Grad der Störung einzustufen.
Ein Messgerät misst nun den Schall
in Dezibel, ein schwerer Fall.

Als Schalldruckpegel vorgeschrieben,
ist weniger als hundertsieben.
So laut darf Nachbars Hund nicht sein.
Der Halter denkt: „Das ist gemein".

Nun kann er auf den Kopf sich stellen.
Sein Hund darf er nur noch Dezi-bellen.

Bäume

Die Wurzeln sind am Baum stets unten,
und oben sieht man das Geäst,
mit grünen Blättern oder bunten.
Die Vögel bau'n darin ihr Nest.

Doch warum sind die Äste oben?
Und Wurzeln stets nur unten dran?
Man kann's verwünschen oder loben.
Doch ändern kann man nichts daran.

Der Grund, ob höher oder tiefer,
der liegt doch auf der Hand, mein Kind,
weil Ober- und auch Unterkiefer
viel besser zu erkennen sind.

Wechseljahre

Auch Männer haben Wechseljahre,
doch diese nicht grau in grau.
Der eine, der verliert die Haare,
der andre wechselt seine Frau.

Schreibweise

Um das Schreiben zu verkürzen,
kann man es mit Ziffern würzen.
Hier will ich ein Beispiel bringen.
So kann's jedem gut gelingen.

Eine Run**3**se zu machen,
bringt auch **1**ame zum Lachen.
Feinen Sand am Stand zu **7**
Ist ein Urlaub zum Verlieben.

Ein Menü um kurz vor **8**
wird für Feinschmecker gem**8**.
2felsfrei gibt's dann zum Bier
ein Konzert auf dem Kla**4**.

Das Baby fühlt sich kerngesund,
hat den Sch"**0**"er stets im Mund.
Ohne F**1**taub, das ist toll.
Gruß und Kuss, Hoch**8**ungsvoll.

(Für Mathematiker:)
Es ist auch kein Sprach-Ruin,
schreibt man so den „**3,14**nguin".

(Anmerkung: 3,14 = Pi)

Trennkost

Trennkost, - das ist die Idee!
Pfunde, - Winterspeck ade.
Kein Problem, bequem und leicht
hat man so sein Ziel erreicht.

Ich begann im großen Stil.
Das wurde meiner Frau zu viel.
Schnell reichte sie die Scheidung ein
und ließ mich kurzerhand allein.

Jetzt getrennt, - nicht mehr vereint.
So war Trennkost nicht gemeint.

Zwei Hälften

Zwei Hälften, die sind immer gleich.
Das gilt für alle, arm und reich.
Doch wirst du in zweifelnde Augen sehn.
Die größere Hälfte wird's nie verstehn.

Zwanzig Pfund verloren

Ist denn das nicht ungesund?
„Frau verlor fast zwanzig Pfund,
in einer Woche." Macht das Sinn?
Doch so stand's in der Zeitung drin.

Und das lag nicht am Essenskult,
das Spielkasino war dran schuld.
Erst später wurde mir dann klar,
dass diese Frau aus England war.

Achtundsechziger

Auch ich gehörte mal dazu,
war ständig ohne Rast und Ruh.
Gar vieles wollte ich verändern,
anstatt nur durch die Welt zu schlendern.

Nun ist's vorbei, nach Ruhe lechz' ich,
inzwischen bin ich neunundsechzig

Einen Zug nehmen

Meine erste Zigarette
hätt ich besser nie geraucht.
Wenn ich's nie begonnen hätte,
wär die Lunge nicht verbraucht.

Dann begann ich zu entsagen,
doch es war ein harter Kampf.
Heut kann ich mich nicht beklagen,
lang schon leb ich ohne Dampf.

-

Wartend in der Bahnhofshalle
saß ich gestern stundenlang.
Lokführer, die streikten alle,
plötzlich wurd mir angst und bang.

Beinah wär's soweit gekommen
und ich hätt zu meinem Leid
wieder einen Zug genommen
nach der Anti-Raucherzeit.

Der konsequente Vegetarier

Vegetarisch isst gesund.
Mir kommt Fleisch nicht in den Mund.
Nicht Fisch, nicht Wurst in siebzehn Sorten,
Salat und Müsli allerorten.

Keine tierischen Genüsse,
ich esse mit Genügsamkeit.
Konsequent, auch nicht Walnüsse.
Mir tun die armen Tiere leid.

Toastbrot

Mein Toastbrot ist nun nichts mehr wert,
und **das** liegt an dem weißen Pferd.
Warum nur soll ich Toastbrot kaufen,
worüber mir die Pferde laufen.

Auf meinem Brot und auch auf Kuchen
hab'n weiße Pferde nichts zu suchen.
Akribisch wird's vom Brot getrennt
das Pferdchen, das man Schimmel nennt.

Männerspielzeug

Als Knäblein an der Mutter Brust
war schon das Trinken meine Lust.
Mein Köpfchen lag ganz weich inmitten.
Was wär das Leben ohne Ti…n?

Als Knabe wuchs ich schnell heran,
sah nackte Mädchen dann und wann.
Die Hände mir alsbald entglitten.
Was wär das Leben ohne Ti…?

Ach, hätt ich das Gefühl nochmal,
so dachte ich: „Ich fühl' nochmal".
Mit strammer Hos' hab   ich gelitten.
Was wär das Leben ohne Ti…?

Die Frauen sind nicht alle gleich,
mal sind sie arm und trotzdem reich
mit mächtig Holz vor ihrer Hütten.
Was wär das Leben ohne Ti…?

Und diese Lust hält lange an,
auch noch mit siebzig denkt Mann dran.
Die Brust am Knie, im Mund die dritten.
Was wär das Leben ohne Ti…?

Handy

Warum nur heißt das Handy Handy?
Wenn du die Gründe kennst, dann nenn die.
Die Schwaben, die sind nicht dran schuld.
Mir scheint, es ist ein andrer Kult.

Das Ding wir Handy nur genannt,
weil, - jeder hält es in der Hand.
Doch - das kann eigentlich nicht stimmen.
Jetzt tut bei mir 'ne Lampe glimmen:

Erst gestern sah ich eine Frau.
Bei dieser hing das Ding genau
im Etui am Gürtel dran.
Hier hinten hing es 'runter dann.

Und so, wie das da hing, sag barsch i',
war das kein Handy, war's ein Arschi.

Der Schein

Die Frau träumt von der Babywindel,
doch er versucht den Heiratsschwindel.
Tagein, tagaus denkt er daran:
„Wie komm' ich an die Scheine ran?"

Spricht: „Schau' mir in die Augen, Kleine",
und denkt dabei an ihre Scheine.
Und endlich, vor dem Traualtar,
da wird sein Traum vom Reichtum wahr.

Was nun sagt mir das Gedicht?
Unrecht Gut gedeihet nicht:
Wenn ich statt Liebe nur den Schein sehe,
dann ist es doch nur eine Scheinehe.

P.S.
Es ist auch schon vorgekommen,
dass die Frau den Mann belügt.
Er hat Falschgeld nur bekommen.
Und er merkt: Der Schein, der trügt.

Beim Optiker

Beim Optiker, - das kennt man schon,
gibt es zunächst die Refraktion.
Am besten wird die Brille schön,
doch schließlich will man auch gut sehn.

Gemessen wird nicht nur zum Spaß.
Hier geht es um das richt'ge Glas.
Damit man nach fünf Tagen dann
auch seine Rechnung lesen kann.

Die Refraktion bei mir ergab,
dass ich 'ne Altersschwäche hab.
„Weitsichtig", heißt mein Resultat.
Ich bin entsetzt, in höchstem Grad.

Ich wollte in die Politik.
Das ist nun aus, ich hab kein Glück.
Weitsichtig ist 'ne Eigenschaft
mit der man so 'was niemals schafft.

Lehrberuf

Es muss der Himmel sein auf Erden:
Studieren, und dann Lehrer werden.
Wer **so** sich seine Träume schuf,
der landete im Traumberuf.

Obwohl die meisten danach streben,
schafft man nicht jedes Ziel im Leben.
Und mancher ist schon Leerer dann,
wenn er die Tonnen leeren kann.

Mutter

Grad' war alles noch in Butter.
Wo – verflixt – ist meine Mutter?
Wo ist sie hin? Was ist geschehn?
Hab in der Küche sie gesehn.

Verdammt, - da ist sie nicht, oh Graus.
Jetzt muss ich wieder aus dem Haus.
Schon wieder in den Baumarkt laufen
und mir 'ne neue Mutter kaufen.

Wortspiel im Frühling

Frühling lässt sein blaues Band
wieder flattern durch die Lüfte.
Süße, wohl bekannte Düfte
streifen ahnungsvoll das Land.
(Eduard Mörike, 1804-1875)

Viele Dichter, wortgewandt,
beugen sitzend ihre Hüfte.
Ideen aus des Kopfes Klüfte
werden aufs Papier gebannt.

Unjüngst kam mir die Idee:
Wortgewandtheit muss man üben.
Drum mach ich mit meiner Lieben
Urlaub nur am Wört(h)er See.

Harte Tage

Für Arbeitnehmer eine Plage
sind die besonders harten Tage.
Nur einen gibt's, der darauf steht:
Der Schauspieler, der Pornos dreht.

Der Euro

Der Weg zum Ziel war lang und steinig,
doch alle Länder warn sich einig.
Aus für Gulden, Franc und Mark,
nur der Euro macht uns stark.

Jetzt sind unsere Moneten
nicht mehr Lire und Peseten.
Doch manchen Menschen ist der Euro
seither ein ungeliebter Teuro.

Unsre Nachbarn treiben's arg
mit dem Namen „Däne-**Mark**."
Damit kann man nichts mehr reißen.
Es muss „Däne-**Euro**" heißen.

Generalprobe

Heute kommt niemand ins Theater hinein.
Wir bleiben draußen, das muss diesmal so sein.
Keine Besucher, nur Soldaten anstatt.
Heut' findet eine Generalprobe statt.

Sommerzeit

Verdammt, es ist schon zehn nach sieben!
Wo ist die Stunde nur geblieben?
Hab ängstlich auf die Uhr geschaut,
wer hat die Stunde mir geklaut?

Mein Slam fällt aus, heut muss ich bluten,
mir fehlen zehnmal sechs Minuten.
Ich bleibe heute Abend stumm
und fehle meinem Publikum.

Wer macht sowas? Wer klaut hier Stunden?
Hab sie noch immer nicht gefunden.
Hab alle Schränke wild durchsucht,
der Dieb der Stunde sei verflucht.

Gesucht in jeder Wohnungsecke
und draußen hinter Strauch und Hecke.
Ich glaub, wenn mich nicht alles irrt,
im letzten Jahr ists auch passiert.

Sommerzeit, Fortsetzung

War wütend, fluchte immer grober.
Und dann auf einmal, im Oktober -
war diese Stunde wieder da.
Ich war so froh und doch, - naja,

die Tage mir die Einsicht gaben
wie's ist, zu wenig Zeit zu haben.

Organhandel

Die Moral hat sich gewandelt
seit man mit Organen handelt.
In England bleibt man ziemlich cool,
dort kauft man sie im Liver-Pool.

*(Nach einer Idee von:
Sonja Wietzel-Winkler)*

Kopfschmerzen

Der Kopfschmerz wurde immer krasser.
Ich ging zum Arzt, so konnt's nicht bleiben.
Er riet mir, mit Toilettenwasser
mal meine Kopfhaut einzureiben.

Es war, als müsste es passieren,
so schnell konnt ich ihn gar nicht packen.
Mir fiel, als ich auf allen Vieren,
der Lokusdeckel in den Nacken.

Flugangst

Der Bäuerin tut Urlaub gut,
und Wünsche gibt es viele.
Doch Flugangst nimmt ihr jeden Mut
für ferne Reiseziele.

Der Bauer kann die Landwirtschaft
schon längst nicht mehr genießen.
Die Pflugangst nimmt ihm jede Kraft.
Er muss den Hof jetzt schließen.

Gentleman

Der Bus zur Stadt war brechend voll.
Die junge Frau stand voller Groll
mit ihrem Kind im Mittelgang.
Dem Kleinen wurde angst und bang'.

Dann endlich kam ein junger Mann
und bot ihr seinen Sitzplatz an:
„Sie dürfen sitzen, ich kann stehn."
Die Freude war ihr anzusehn.

Der Kleine strahlte voller Glück.
Sie lehnte sich bequem zurück,
und sagte zu dem kleinen Ben:
„Das war ein echter Gentleman."

Merke:
Der Fall ist wirklich beispielhaft,
weil er für jeden Klarheit schafft
Ein Gentleman ist – das steht fest –
wer Frau mit Kleinkind sitzen lässt.

Drucker ausgelaufen

Das darf nicht wahr sein, welch ein Graus!
Mein Drucker läuft schon wieder aus.
Darunter glänzt nun schreibtischweit
'ne klebrig schwarze Flüssigkeit.

Das ist 'ne Riesenschweinerei!
Der Tisch versaut, mit diesem Brei.
Wie kriegt man den nur wieder weg?
Selbst an den Händen klebt der Dreck.

Die Diagnose, sie ist schwer,
denn - wo kommt dieser Saft nur her?
Bin etwa **ich** jetzt schuld daran,
weil ich den nicht bedienen kann?

Auf einmal kommt ein Geistesblitz,
noch während ich am Schreibtisch sitz.
Jetzt weiß ich es, ich hab gepennt:
Das war ein Fließtext-Dokument.

Spucken

Gar mancher spuckt, wenn er schnell spricht
dem Gegenüber ins Gesicht.
Und wie bezeichnet man das dann?
Dass jemand fließend sprechen kann.

Aufkleber

Ein Aufkleber, der hat den Zweck,
dass er das Auto ziere.
Doch neulich las ich auf dem Heck:
„Ich bremse auch für Tiere".

Natürlich, - dachte ich bei mir,
das ist doch selbstverständlich.
Ein Auto überfährt kein Tier,
das wär gemein und schändlich.

Denn, - fahr' ich zügig übers Land,
so etwa hundertdreißig,
und plötzlich kommt ein Elefant,
dann brems ich doch. - Das weiß ich.

Sauerland

Am Hauseingang - ganz sauer – stand
ein Biker aus dem Sauerland.
„Verdammt! – Schon wieder Dauerregen.
Man müsste etwas tun, dagegen."

Inzwischen werden sie erkannt,
die Biker aus dem Sauerland.
Sie sind – so wird es überliefert –
nun wetterseitig voll verschiefert.

Woll

In Wuppertal, da ist es toll.
Die Menschen hier sind wundervoll.
Schon immer aus den Mündern quoll
das niedlich kleine Wörtchen „woll".

Und deshalb sag ich ohne Groll:
Die Wolllust ist doch klasse. – Woll?

Reime aus dem Computer

Willst du ein Dichter sein, ein guter,
dann dichte nur noch mit Computer.
Er flüstert dir - Silenzium -
die Reime aus dem Pentium.

So dachte ich, und fuhr ins Städtchen,
und kaufte im Computerlädchen
so einen superteuren Com-
puter mit 'nem CD-ROM.

Mit über tausend Megaherzen.
Mit Joystick, Maus und andren Scherzen.
Toll, dachte ich, das wird ein Reim,
und fuhr mit dem Gerümpel heim.

Nach Wochen überm Windows-Handbuch
fand ich auch endlich, wo ich dran such.
Ich trank 'nen Sekt als Finderlohn,
dann drückte ich auf Powero(o)n.

Ich startete die Dichtersoftware
und hab' auf ein Gedicht gehofft sehr.
Erwartungsvoll saß ich davor
und sprach: Na los, ich bin ganz Ohr.

Computerreime, Fortsetzung

Doch der tat alles nur vertauschen.
Dann fing die Kiste an zu rauschen.
Der Speaker sang: Schau her, ich spinn.
Ich spinn, weil ich ein Virus bin.

Nun schreib ich wieder, mittlerweile,
per Hand die gute Dichterzeile.
Schreib 'mal am Tisch, und 'mal im Bett.
Auch in der Wanne ist's ganz nett.

Woher Ideen? -- Hokus Pokus,
die besten hab ich auf dem Lokus.
Und was nun lernen wir daraus?
Schreib mit der Hand, nicht mit der Maus.

Vertraue deinem eignen Einfall.
Mit dem Computer wirds ein Reinfall.
Ihn schaltet man am Schluss nur aus.
Doch für den Dichter gibts Applaus.

Applaus beim Poetry Slam

Wenn die Vorhänge sich schließen,
applaudiert das Publikum.
Und die Slammer, sie genießen
das Geräusch um sie herum.

Manche können nicht mehr ohne,
sind schon süchtig nach Applaus,
dass er sie auch stets belohne
abends hier in diesem Haus.

In der Nacht sehn sie Gespenster,
ihr Verstand lässt sie im Stich.
Klatscht der Regen laut ans Fenster
stehn sie auf, verbeugen sich.